Cornelia Haas · Ulrich Renz

My Most Beautiful Dream

আমার সবচেয়ে সুন্দর স্বপ্ন

Bilingual children's picture book

with online audio and video

Translation:

Sefâ Jesse Konuk Agnew (English)

Kuheli Dutta (Bengali (Bangla))

sefa

Audiobook and video:

www.sefa-bilingual.com/bonus

Password for free access:

English: **BDEN1423**

Bengali (Bangla): **BDBN1123**

Lulu can't fall asleep. Everyone else is dreaming already – the shark, the elephant, the little mouse, the dragon, the kangaroo, the knight, the monkey, the pilot. And the lion cub. Even the bear has trouble keeping his eyes open …

Hey bear, will you take me along into your dream?

লুলুর ঘুম আসছে না। অন্য সবাই ইতিমধ্যে স্বপ্ন দেখছে – হাঙ্গর, হাতি, ছোট ইঁদুর, ড্রাগন, ক্যাঙ্গারু নাইট, বানর, পাইলট এবং সিংহ শাবক। এমনকি ভালুকেরও চোখ খোলা রাখতে কষ্ট হচ্ছে ...

আরে ভালুক, তুমি কি আমাকে তোমার স্বপ্নে নিয়ে যাবে?

And with that, Lulu finds herself in bear dreamland. The bear catches fish in Lake Tagayumi. And Lulu wonders, who could be living up there in the trees?

When the dream is over, Lulu wants to go on another adventure. Come along, let's visit the shark! What could he be dreaming?

এবং সেই সঙ্গে, লুলু নিজেকে ভালুকের স্বপ্নভূমিতে আবিষ্কার করে। ভালুক টাগায়ুমি হ্রদে মাছ ধরে। আর লুলু ভাবে, উপরের গাছগুলোতে কে থাকতে পারে?

স্বপ্ন শেষ হলে, লুলু আরেক দুঃসাহসিক অভিযানে যেতে চায়। চল, হাঙ্গরকে দেখতে যাই! সে কিসের স্বপ্ন দেখছে?

The shark plays tag with the fish. Finally he's got some friends! Nobody's afraid of his sharp teeth.

When the dream is over, Lulu wants to go on another adventure. Come along, let's visit the elephant! What could he be dreaming?

হাঙ্গর মাছের সঙ্গে ছোঁয়াছুয়ি খেলছে। অবশেষে সে কিছু বন্ধু পেয়েছে! কেউ তার তীক্ষ্ণ দাঁত ভয় পাচ্ছে না।

স্বপ্ন শেষ হলে, লুলু আরেক দু:সাহসিক অভিযানে যেতে চায়। চল, হাতিকে দেখতে যাই! সে কিসের স্বপ্ন দেখছে?

The elephant is as light as a feather and can fly! He's about to land on the celestial meadow.

When the dream is over, Lulu wants to go on another adventure. Come along, let's visit the little mouse! What could she be dreaming?

হাতি পালকের মত হালকা এবং উড়তে পারে! সে আকাশমণ্ডলীয় ঘাসভূমির উপর অবতরণ করতে চলেছে।

স্বপ্ন শেষ হলে, লুলু আরেক দুঃসাহসিক অভিযানে যেতে চায়। চল, নেংটি ইঁদুরকে দেখতে যাই! সে কিসের স্বপ্ন দেখছে?

The little mouse watches the fair. She likes the roller coaster best. When the dream is over, Lulu wants to go on another adventure. Come along, let's visit the dragon! What could she be dreaming?

নেংটি ইঁদুর মেলা দেখছে। তার নাগরদোলা সবচেয়ে বেশি পছন্দ।
স্বপ্ন শেষ হলে, লুলু আরেক দুঃসাহসিক অভিযানে যেতে চায়। চল, ড্রাগনকে দেখতে যাই! সে কিসের স্বপ্ন দেখছে?

The dragon is thirsty from spitting fire. She'd like to drink up the whole lemonade lake.

When the dream is over, Lulu wants to go on another adventure. Come along, let's visit the kangaroo! What could she be dreaming?

ড্রাগন আগুন বের করে তৃষ্ণার্ত। সে পুরো লেবুর শরবতের হ্রদ পান করতে চায়। স্বপ্ন শেষ হলে, লুলু আরেক দু:সাহসিক অভিযানে যেতে চায়। চল, ক্যাঙ্গারুকে দেখতে যাই! সে কিসের স্বপ্ন দেখছে?

The kangaroo jumps around the candy factory and fills her pouch. Even more of the blue sweets! And more lollipops! And chocolate!

When the dream is over, Lulu wants to go on another adventure. Come along, let's visit the knight! What could he be dreaming?

ক্যাঙ্গারু ক্যান্ডি কারখানার চারপাশে লাফিয়ে চলে এবং তার থলি ভরাট করে। এমনকি নীল মিষ্টি আরো! এবং আরো ললিপপস! এবং চকোলেট!
স্বপ্ন শেষ হলে, লুলু আরেক দু:সাহসিক অভিযানে যেতে চায়।চল, নাইটকে দেখতে যাই! সে কিসের স্বপ্ন দেখছে?

The knight is having a cake fight with his dream princess. Oops! The whipped cream cake has gone the wrong way!
When the dream is over, Lulu wants to go on another adventure. Come along, let's visit the monkey! What could he be dreaming?

নাইট তার স্বপ্নের রাজকুমারীর সঙ্গে কেকযুদ্ধ করছে। ওহো! মিশ্রিত ক্রিম কেক ভুল পথে চলে গেছে!

স্বপ্ন শেষ হলে, লুলু আরেক দুঃসাহসিক অভিযানে যেতে চায়।চল, বানরকে দেখতে যাই! সে কিসের স্বপ্ন দেখছে?

Snow has finally fallen in Monkeyland. The whole barrel of monkeys is beside itself and getting up to monkey business.

When the dream is over, Lulu wants to go on another adventure. Come along, let's visit the pilot! In which dream could he have landed?

অবশেষে বানরভূমিতে তুষারপাত হয়েছে। পুরো বানরের ঝাঁক আত্মহারা হয়ে গেছে এবং বানরোচিত কাজে লিপ্ত হচ্ছে।

স্বপ্ন শেষ হলে, লুলু আরেক দুঃসাহসিক অভিযানে যেতে চায়। চল, বিমানচালককে দেখতে যাই! সে কিসের স্বপ্ন দেখছে?

The pilot flies on and on. To the ends of the earth, and even farther, right on up to the stars. No other pilot has ever managed that.

When the dream is over, everybody is very tired and doesn't feel like going on many adventures anymore. But they'd still like to visit the lion cub.

What could she be dreaming?

বিমানচালক উড়ে এবং উড়তেই থাকে। পৃথিবীর শেষ প্রান্তে, এমনকি আরও দূরে, তারার উপর পর্যন্ত। অন্য কোন বিমানচালক এখনও যা পারেনি।

স্বপ্ন শেষ হলে সবাই খুব ক্লান্ত হয়ে পড়ে এবং আর বেশি অভিযানে যাওয়ার ইচ্ছে থাকে না। কিন্তু তারা এখনও সিংহশাবককে দেখতে যেতে চায়। সে কিসের স্বপ্ন দেখছে?

The lion cub is homesick and wants to go back to the warm, cozy bed.
And so do the others.

And thus begins ...

সিংহশাবকের বাড়ির জন্য মন খারাপ এবং উষ্ণ, আরামদায়ক বিছানায় ফিরে যেতে চায়।

এবং অন্যরাও।

এবং এইভাবে শুরু হয় ...

... Lulu's
most beautiful dream.

... লুলুর
সবচেয়ে সুন্দর স্বপ্ন।

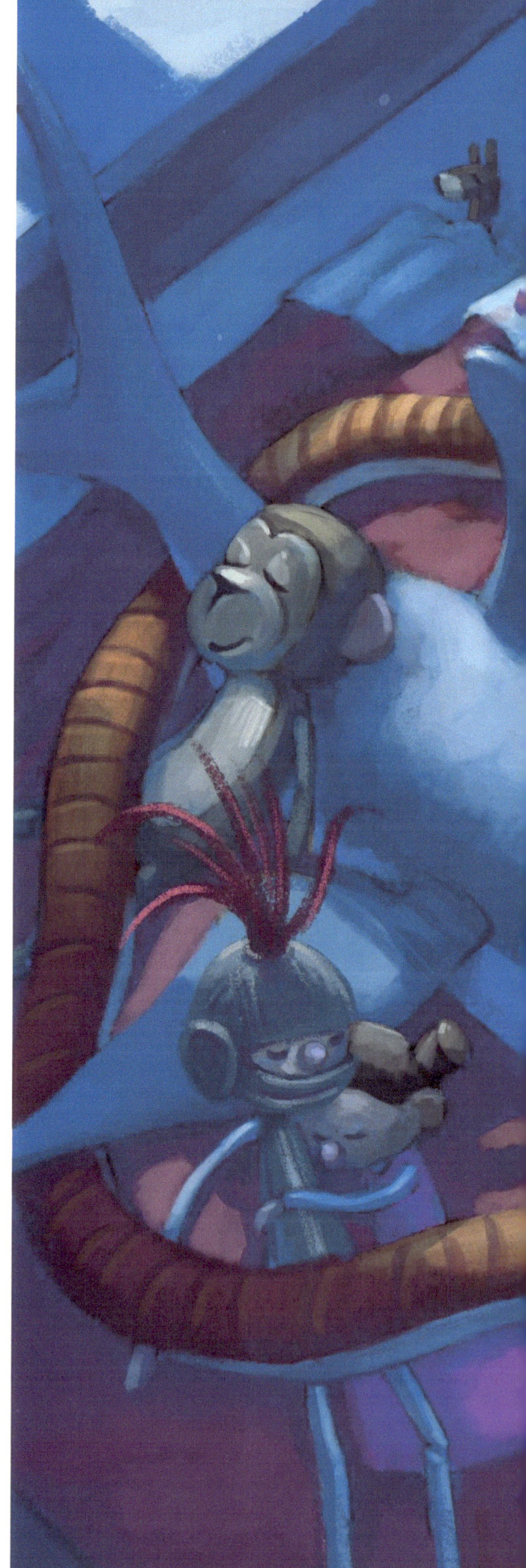

The authors

Cornelia Haas has been illustrating childrens' and adolescents' books since 2001. She was born near Augsburg, Germany, in 1972. She studied design at the Münster University of Applied Sciences and is currently a professor on the faculty of Münster University of Applied Sciences teaching illustration.

Ulrich Renz was born in Stuttgart, Germany, in 1960. After studying French literature in Paris he graduated from medical school in Lübeck and worked as head of a scientific publishing company. He is now a writer of non-fiction books as well as children's fiction books.

Do you like drawing?

Here are the pictures from the story to color in:

www.sefa-bilingual.com/coloring

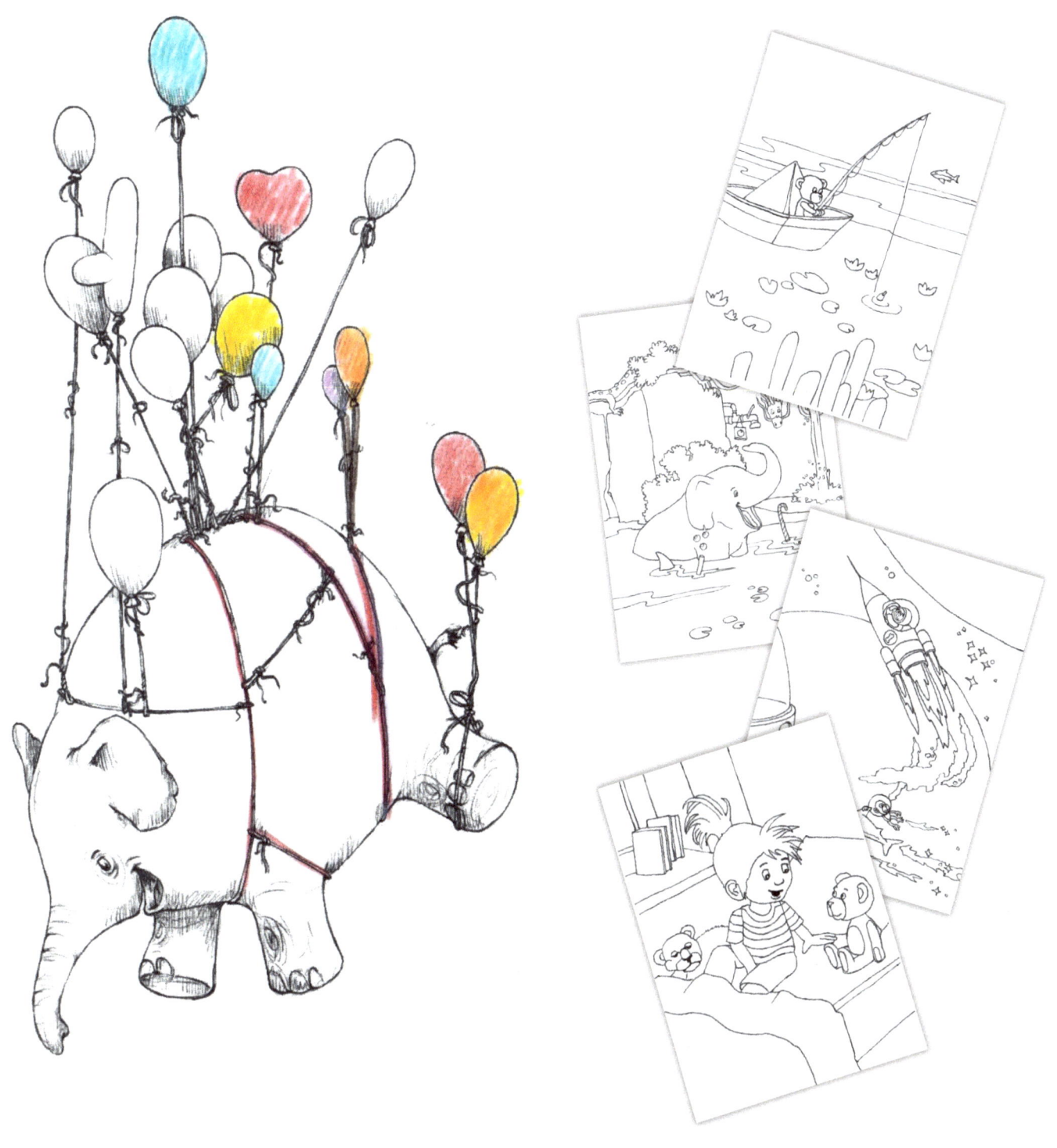

Sleep Tight, Little Wolf

For ages 2 and up

with online audio and video

Tim can't fall asleep. His little wolf is missing! Perhaps he forgot it outside?
Tim heads out all alone into the night – and unexpectedly encounters some friends...

Available in your languages?

▶ Check out with our „Language Wizard":

www.sefa-bilingual.com/languages

The Wild Swans

Based on a fairy tale by Hans Christian Andersen

Recommended age: 4-5 and up

„The Wild Swans" by Hans Christian Andersen is, with good reason, one of the world's most popular fairy tales. In its timeless form it addresses the issues out of which human dramas are made: fear, bravery, love, betrayal, separation and reunion.

Available in your languages?

▶ Check out with our „Language Wizard":

www.sefa-bilingual.com/languages

© 2024 by Sefa Verlag Kirsten Bödeker, Lübeck, Germany

www.sefa-verlag.de

Special thanks for his IT support to our son, Paul Bödeker, Freiburg, Germany

All rights reserved. No part of this book may be reproduced without the written consent of the publisher

ISBN: 9783739963297

www.ingramcontent.com/pod-product-compliance
Lightning Source LLC
LaVergne TN
LVHW070453080526
838202LV00035B/2816
9783739963297